Patricia Polacco

El Pollo de los Domingos

Traducción de Alejandra López Varela

Lectorum Publications, Inc.

HIMNOS
312
27
586

Polacco, Patricia.
   [Chicken Sunday. Spanish]
   El pollo de los domingos / Patricia Polacco; traducción de Alejandra López Varela.
      p. cm.
   Summary: To thank Miss Eula for her wonderful Sunday chicken dinners, three children
sell decorated eggs to buy her a beautiful Easter hat.
   ISBN 1-880507-31-5 (alk. paper)
   [1. Egg decoration—Fiction. 2. Easter—Fiction. 3. Friendship—Fiction. 4. Grandmothers—
Fiction. 5. Race relations—Fiction. 6. Afro-Americans—Fiction. 7. Spanish language materials.]
I. López Varela, Alejandra. II. Title.
[PZ73.P535 1997]
[E]—DC21
                                             97-2237
                                             CIP
                                           AC

Un agradecimiento muy especial a la Iglesia Progresista Misionaria
de Berkeley, California, ya que este libro no se hubiera podido
lograr sin su ayuda y cooperación.
Para mi investigación me prestaron abanicos de papel, libros de himnos,
las túnicas utilizadas en los coros y un libro de memorias con fotografías
de la familia Washington—Stewart, Winston y, por supuesto, la señora
Eula—, quienes compartieron amorosamente sus vidas conmigo durante
mi niñez.

EL POLLO DE LOS DOMINGOS

Spanish translation copyright © 1997 by Lectorum Publications, Inc.
Originally published in English under the title
CHICKEN SUNDAY
Text and Illustrations Copyright © 1992 by Patricia Polacco

Published by special arrangement with Philomel Books, a division of
Putnam & Grosset Group.

1-880507-31-5

Printed in the U.S.A.

10 9 8 7 6 5 4 3 2

LECTORUM
PUBLICATIONS, INC.
111 EIGHTH AVE., NEW YORK, NY 10011-5201

A Stewart Grinnell Washington,
con amor

Stewart y Winston eran mis vecinos. Nos convertimos en hermanos mediante una ceremonia solemne que llevamos a cabo un verano en el patio de su casa. No eran de mi religión. Eran bautistas. Su abuela, Eula Mae Walker, ahora era también mi abuela. Mi *babushka* había muerto hacía dos veranos.

Algunos domingos, mi madre me dejaba ir con ellos a la iglesia. ¡Cómo nos gustaba oír cantar a la Sra. Eula! Su voz era como un trueno distante, como la lluvia del mes de abril.

Íbamos y veníamos caminando a la iglesia. Me tomaba de la mano para cruzar la avenida.

"Aunque vamos a la iglesia como Dios manda —solía decir—, no quiero que terminen debajo de las ruedas de uno de esos coches que pasan a tanta velocidad. Quedarían tan aplastados como un huevo frito", y me apretaba la mano.

Cuando pasábamos por la tienda del Sr. Kodinski, la Sra. Eula siempre se detenía a mirar los preciosos sombreros del escaparate. Luego, suspiraba y seguíamos caminando.

Aquellos domingos, para nosotros, eran conocidos como "el pollo de los domingos", porque la Sra. Eula siempre hacía pollo frito para la cena. También hacía berzas con tocino, una cacerola de frijoles, mazorcas de maíz, y pudín de pan.

Un domingo, el calor era tan intenso que la Sra. Eula comenzó a agitar su abanico de papel, esparciendo por el aire el rico olor a pollo frito. Suspiró profundamente y su rostro se tornó radiante al sonreír. Entonces, nos dijo algo que ya sabíamos:

—El sombrero de Pascua que está en el escaparate de la tienda del Sr. Kodinski es el más bonito que he visto en mi vida —dijo con aire pensativo.

Los tres nos miramos. Lo que más deseábamos en el mundo era poder comprarle el sombrero.

Stewart introdujo el brazo por el agujero del tronco de nuestro "árbol de los deseos", en el patio, y sacó una lata de vendajes oxidada. Los tres contuvimos la respiración mientras contábamos el dinero que había dentro y que habíamos estado ahorrando durante varias semanas.

—Si queremos comprarle el sombrero a la Sra. Eula antes de Pascua, vamos a necesitar mucho más dinero del que tenemos —les dije.

—Quizás podríamos preguntarle al Sr. Kodinski si nos deja barrer la tienda o hacer algún otro trabajo para conseguir el resto del dinero —dijo Stewart.

—No sé si es buena idea —dijo Winnie, un poco asustado—. Es un hombre muy extraño. Nunca sonríe. Parece que siempre está de mal genio. A pesar de eso, todos coincidimos en que había que intentarlo.

Al día siguiente, tomamos un atajo por la parte de atrás del callejón donde estaba la tienda. Entonces, vimos a unos muchachos que gritaban y lanzaban huevos, los cuales nos pasaron rozando y fueron a parar a la puerta del Sr. Kodinski.

En el mismo momento en que los muchachos salían corriendo, la puerta se abrió de golpe. El Sr. Kodinski se nos quedó mirando fijamente.

—¡Ustedes! —gritó—. ¿Por qué hacen una cosa así?

—No fuimos nosotros —intentó explicarle Stewart—, pero el Sr. Kodinski no nos escuchaba.

—Lo único que quiero es que me dejen vivir en paz. ¡Voy a llamar ahora mismo a vuestra abuela! —gritó, mientras apuntaba con el dedo a la cara de Stewart.

La Sra. Eula nos estaba esperando en la sala de estar.

—No fuimos nosotros, Sra. Eula —dije sollozando.

—Fueron unos muchachos —balbuceó Stewart.

—En primer lugar, ¿qué hacían ustedes en la parte de atrás de la tienda? —preguntó ella.

Sabíamos que no podíamos contarle la verdad, así que simplemente nos quedamos allí, de pie, llorando.

Nos observó durante un buen rato y luego dijo:

—Mis niños, quiero creerles. Sólo Dios sabe que los he educado para que siempre digan la verdad. Si ustedes dicen que no lo hicieron, yo les creo.

—Aun así, me da mucha pena —continuó diciendo—. Ese pobre hombre ha sufrido mucho en la vida, no se merece que le tiren huevos. Lo peor, es que él piensa que fueron ustedes. Tienen que demostrarle que son buenos chicos. De alguna manera tienen que hacerle ver la verdad.

Al día siguiente, en la cocina de mi casa, nos pusimos a pensar.

—¿Cómo podemos llegar a él, si cree que fuimos nosotros los que arrojamos los huevos? —preguntó Stewart.

—Si ni siquiera le caemos bien —gimió Winston.

—Huevos —dije en voz baja.

—¿Huevos? —preguntó Stewart.

—¡Huevos! —grité.

Fui al cajón de la cocina y saqué un pedazo de cera, una vela, un pequeño embudo con el mango de madera, y varios sobres con polvos de tinta amarilla, roja y negra.

Mamá me ayudó a enseñarles a los chicos cómo se decoraban los huevos, según la abuela nos había enseñado. Hicimos dibujos en las cáscaras de los huevos con cera caliente, luego les dimos color y, por último, derretimos la cera para estampar el diseño.

Colocamos los huevos en una cesta y, aunque teníamos miedo, entramos a la tienda del Sr. Kodinski, y depositamos la cesta sobre el mostrador.

El señor Kodinski arqueó las cejas, frunció el ceño, y nos miró fijamente. Luego, su mirada se detuvo en la cesta.

—*Spaseeba* —dijo suavemente—. *Spaseeba* significa gracias en ruso. Huevos de *Pisanky* —dijo, mientras los miraba más de cerca. No los había vuelto a ver desde que salí de mi país.

—Nosotros no arrojamos los huevos a su puerta, Sr. Kodinski —dijimos los tres a la vez.

Se nos quedó mirando un instante.

—Han demostrado mucho valor al venir hasta aquí. ¡*Chutzpah*! ¡Sí que tienen *chutzpah*! —Sus ojos brillaron y en su boca se dibujó una tierna sonrisa—. Pasen, por favor, y tomen una taza de té conmigo.

Pasamos toda la tarde conversando, comiendo un rico pastel y bebiendo un té muy fuerte. Nos contó de su vida y nosotros le contamos de la nuestra.

Cuando por fin tuvimos el valor de preguntarle si podía darnos trabajo para poder ganar un poco de dinero, nos dijo que lo sentía mucho, pero que no tenía trabajo. No le dijimos para qué queríamos el dinero. No nos pareció correcto. En ese momento, sentimos como si algo nos apretara el corazón.

—Les diré algo —dijo pensativo—. Estos huevos son tan bellos como mis sombreros.

Stewart, Winnie y yo nos miramos.

—Ya casi es Pascua —continuó diciendo—. Estoy seguro de que a la gente le encantarán. Pueden poner una mesa pequeña y venderlos aquí, en mi tienda.

En los días siguientes, trabajamos sin parar. Hicimos casi una docena de huevos *Pisanky*. Cuando la gente entraba en la tienda, los tomaba en las manos y exclamaba cosas como: ¡Bellísimos, espléndidos, rarísimos, formidables! Vendimos todos en un solo día.

SE VENDEN HUEVOS de PASCUA

Aquella misma tarde, después de haber vendido todos los huevos, contamos el dinero. Teníamos más que suficiente para el sombrero.

Cuando estábamos a punto de decirle al Sr. Kodinski que queríamos comprar el sombrero, él salió de la habitación trasera con una preciosa caja de sombreros... ¡adornada con una cinta de regalo!

—Guarden el dinero, niños —nos dijo con dulzura—. He visto cómo a la Sra. Eula le encanta este sombrero. Es para ella, ¿verdad? Díganle de mi parte que sé que son unos chicos muy buenos, ¡unos chicos maravillosos!

Cuando llegó el domingo de Pascua, creimos que se nos salía el corazón del pecho al ver a la Sra. Eula abrir la caja del sombrero. Nos abrazó con fuerza, mientras unas lágrimas gruesas corrían por sus mejillas.

Ese domingo nuestros corazones cantaron al unísono con el coro. Se veía tan bonita con aquel sombrero. Cuando llegó el momento de su solo, supimos que cantaba para nosotros.

Su voz era como trueno distante, como la lluvia del mes de abril.

Aquel día, más tarde, la Sra. Eula se sentó a la mesa y nos dijo:

—Mis niños, ahora sé que puedo morir feliz. Cuando haya muerto, quiero que cocinen pollo los domingos, con los huesos, el jugo, y todo lo demás, y lo esparzan sobre mi tumba. Así, si por la noche me entra hambre, sólo tendré que extender la mano y comer un poco.

Luego, echó la cabeza hacia atrás y su risa salió de lo más profundo y puro de su ser.

Winston, Stewart y yo ya somos mayores. Nuestro antiguo vecindario ha cambiado, pero todavía conserva algunos recuerdos del pasado. Ahora la avenida pasa por donde una vez estuvo la tienda del Sr. Kodinski. A menudo pienso en él y en sus vistosos sombreros.

Perdimos a la Sra. Eula hace algún tiempo. Sin embargo, todos los años le llevamos un poco de sopa de pollo al Cementerio de la Montaña y hacemos exactamente lo que ella nos pidió.

A veces, cuando nos invade la nostalgia, permanecemos en silencio, y podemos oír un canto. Una voz que suena como trueno distante, como la lluvia del mes de abril.